www.ingramcontent.com/pod-product-compliance
Lightning Source LLC
Chambersburg PA
CBHW020555220526
45463CB00006B/2317
9781704952802